바나나우유

순간의 설렘은

긴 외로움으로 다가와

그리움만 남긴다

다
니
요   단
상
집

도서출판
곰단지

바나나우유

다니요

도서출판
곰단지

프롤로그(바랄 희: 希)

순간의 설렘은 긴 외로움으로 다가와 그리움만 남긴다

언젠가 우연찮은 기회에 이 책이 너의 손에, 너의 눈에, 너의 가슴에 담기길 바라고
이 책이 아무도 모르게 나 자신조차 모르는 기억으로 한 순간 재처럼 사라지길 바란다.
"나도 이런 사랑을 한 적이 있지, 그게 바로 사랑이지"라고 말해 주는 이가 있기를 바라고
"그건 사랑이 아니라 집착이고 미련이야"라고 말해 주는 이가 있길 바란다.
감정에 빠져 울기만 하는 이 글을 읽고 "이 책을 왜 냈어?"라고 밀하는 이기 있길 바라고
감정의 배설물인 이 책을 읽고 "이게 바로 인생이 아니고 뭐겠어!"라고 말해 주는 이가 있길 바란다.

순간의 설렘이 긴 외로움의 터널을 지나 잔잔한 그리움으로 남아 있지만, 그래도 널 만나 또 따른 감정에 대해 배우고, 내가 더 어른이 될 수 있게 해 준 너에게 조금은 고마웠다고 말하고 싶다.
영화 속 비련의 주인공 심정이 뭔지, 사랑 노래 가사는 왜 그리 절절한지 알게 해 준 너.
다른 사람들에게 "네가 진정한 사랑을 해 봤니? 사랑이 뭔지 알긴 아니?"라고 큰소리칠 수 있는 경험을 만들어 준 너.

인생을 살면서 이런 감정을 느끼는 사람이 몇이나 될까.
어쩌면 인간으로 태어나 이런 감정을 모르고 생을 마감하는
것은 불행한 일인지도 모르겠다.
그래서 나는 너를 더 이상 미워하지 않는다.
그렇다고 감사할 정도까지는 아니다.
그냥 그랬다는 거다.
그냥 그렇다는 거다.

눈물은 마른다. 눈물이 마르면 세상이 더 깨끗하게 보일 것
이다.
상처는 낫는다. 흔적은 남겠지만 더 건강한 새살이 돋아날
것이다.
눈물과 상처가 소중한 것은 그 무엇을 알게 해줬기 때문이다.

인생에서 '사랑'이란 단어를 빼면 뭐가 남을까.
그럼에도 불구하고
더 이상은 이것에,
더 이상은 너에게
나의 에너지를 쏟고 싶은 마음이 일도 없다.
지금 이때가 아니면
더 이상은 이런 잡상(雜想)의 단상집을 낼 용기가, 자신이 없다.
이것으로 이제 너와는 진정 이별.

벚꽃 피다

어느 봄날

봄바람이 분다
그 사람이 생각난다

벚꽃이 핀다
그 사람이 생각난다

사랑해 라고 말을 하고
사랑해 라고 자꾸 물었다
얼버무리고 딴 짓하고 끝내 안 해 주더라 그 말
참 부끄럼 많은 사람
무뚝뚝해 더 멋있다 생각했다

헤어지고 나니
참 솔직한 사람이었구나 싶다
지금 와 생각하니
나만 괜한 말 했다 싶다

봄비가 온다
그 사람이 생각난다

벚꽃이 떨어진다
그 사람이 생각난다

나는 늘 밑지는 장사만 하는 것 같다

차례

3부 그리움만 남긴다

1부 순간의 설렘은

바보

계단에서 마주치다 아는 사람처럼 인사할 뻔하다 고개를 숙이다가 눈 아픈 척 눈을 비빈다

너, 눈치챘나

나, 너무 바보 같았나

계단에서 내려오는 너를 보고 두고 온 물건 있는 듯 뒤돌아서 먼지 뛰어 내려가 1층 모퉁이 기둥에 몸을 숨긴다

너, 또 눈치챘나

나, 또 너무 바보 같았나

바나나우유

2층 창문 너머 너를 본다

도서관 앞 벤치
친구들과 이야기하는 네 모습

내 손바닥은 축축해지고
입가엔 웃음이 슬며시

중앙도서관 2층 B열 13번 자리
바나나우유를 올려 둔다

열심히 공부하는 모습이 보기 좋아요
친하게 지내고 싶어요
부담스럽지 않으면 연락주세요
연노랑 포스트 잇 모음, 자음, 숫자가 부끄러운
몸을 꼰다

바나나우유 잘 마실께요
부담스럽지 않아요

고마워요
휴대폰 사각 액정 자음 모음이 마구 뛰논다

우린 그렇게
1층 도서관 앞 자판기 커피를 마시는
'아는 사이'가 됐다

설레고 또 설레던 그가
'아는 사이'가 됐다
'아는 사이'가 됐다

우린 이제
'아는 사이'

가상커플

너를 본다

도서관 앞 벤치에 앉아
자판기 커피를 마신다
빨간 반팔티
검정색 반바지

자판기 커피를 뽑으며
키득키득 웃어본다

나
빨간 반팔티
검정색 바지

이 정도면 커플룩이지!

메론맛 아이스크림

아이스크림 먹으러 갈래?
정말?

가까운 공원 근처 편의점에서 산 메론맛
아이스크림 두 개

아이스크림을 다 먹으면
돌아가야 할 시간

녹아 줄줄 흐르는
메론맛 아이스크림

혀끝의 달콤함보다
햇살의 야속함에
아쉬움이 줄줄 녹아 내린다

후문 샌드위치

어디야? 맛있는 것 사줄께
아. 지금 집이예요

어디야? 배 안고프니? 샌드위치 안 먹을래?
후문으로 와
네. 바로 갈께요

야채를 가득 머금은 계란샌드위치를 한 입 베물다
저기서 걸어오는 같은 과 선배의 눈에 딱 걸렸다
그 표정
'아까는 정말 집이였다고요'
날 좋아하는 선배의 마음을 애써 모른척하며
고개를 돌리고 말았다.

'선배 미안. 나에게도 그리 쉽게 오는 기회가 아니라서요'

어학연수

네가 떠난 후, 다른 사람이 너로 보이는
영화에서나 본 장면을 겪었다.
정말 영화 같은 이야기를

내가 싫어 어학연수 간다고 거짓말한 건 아닐까

조개껍질 목걸이와 팔찌

필리핀 어학연수를 마치고 6개월 만에 온 네가
나에게 준 선물
조개껍질 목걸이와 팔찌

내겐 너무 꽉 끼는

난 왜 이렇게 목이 두꺼운 걸까
난 왜 이렇게 팔목이 굵은 걸까

고등학교 때 교복블라우스 목이 너무 조여
교복집 사장님께 옷이 잘못된 것 같다고 했다
내 목이 그냥 굵어서 그런 거라고
그때가 살짝 생각났던.

유리컵에 이쁘게 담아 책상 위에 올려두고
흐뭇한 상상을 한다
어쨌든 내 생각을 하면서 샀으니까

처음 영화 본 날

너의 옆모습을 본다
좋다

나의 옆모습을 본다
참 좋다

너의 옆모습을 본다
정말 좋다

너의 옆모습을 본다 본다
너의 손을 본다 본다
너의 옆모습을 본다 본다

나의 옆모습을 본다
참 좋다

처음 영화 본 날

삼계탕

장맛비 오는 날

삼계탕 먹으러 가는 길
상쾌하다

하얀 속살을 드러내고
다리를 꼬고 있는

훗춧가루 살살 뿌려
허벅지 점을 만들어 본다

왜 안 먹고 있어?

이제 먹으려고!

주고 싶은 마음

네가 좋아하는 건,
나도 좋아할 것 같아

내가 좋아하는 건,
너도 좋아할 것 같아

너에게 주고 싶은 게 많아졌다

2부 긴 외로움으로 다가와

보채본다

나 사랑해?
나 보고 싶었어?
나 어디가 좋아?
나 얼마만큼 사랑해?

그런 것 좀 묻지 마.

좋아하긴 해?
보고 싶긴 흰 기야?
내 생각을 하긴 하는 거야?

나 원래 표현 같은 건 잘못하는 사람이야!

······이제 그만 집에 가자.

나는 들꽃

꽃을 사랑하는 사람은 참 착할 것 같아

네가 들꽃을 사랑하는 사람이면 좋겠어

눈에 보일 듯 말 듯 아주 작은 꽃잎을 피운 들꽃

나는 들꽃

누군가에게는 그냥 잡초
밟은 것조차 모르는

네 새끼손톱 크기의 30분의 1도 안 되는 나는 들꽃
나는 꽃말도 없는 들꽃

네가 들꽃을 아껴주는 사람이면 좋겠어

우리의 거리

혼자 앞서 걷는 너
같이 걷고 싶다 걸음을 재촉하는 나
더 빠른 걸음으로 너는 멀어져 간다

우리가 연인이 맞을까
너 이럴 거면
왜 만나 보자 했니

우리의 거리민큼
사랑의 온도가 다름을 느낀다

내가 걸음을 멈춘다
네가 흐릿흐릿 흔들리다 점점 사라진다

아무것도
아무것도 아니었던 것처럼
우리의 거리도 사라진다

부작용

자주 만나지 않아도 괜찮아
아무 말 안 해도 괜찮아

사귀었으나사귀지않았다
보고싶었으나보고싶지않았다
행복했지만행복하지않았다

만나는 시간 불편하다
만나고 오는 길 디 쓸쓸해졌다

너란 사람
나에겐 부작용일까

너에게로 가는 길

오르막차로
사고다발지역
10호광장 정체로 우회하시오
갓길없음
감속운행
일방통행

주정차금지구역

비보호좌회전유턴

부등식

≤

작거나 같다
이 정도만 되어도 좋을 텐데
완전 부등식이다

재미없는 시소놀이
내려가선 올라오지 않는다

재미없긴 니도 미찬기지일 텐데

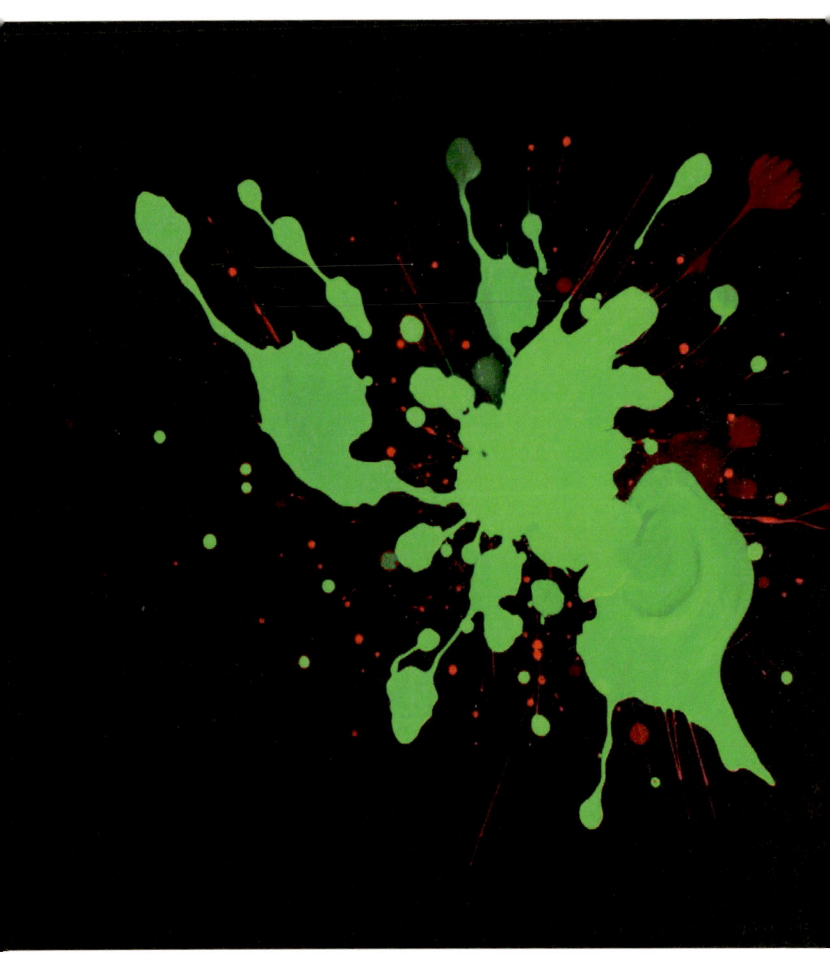

무단전입

너의 마음에 불법건축물을 짓고
세대주 동의 없는 전입신고를 해버렸다

언제가는 쫓겨날

오답노트

날 좋아하지 않으면?
나도 안 좋아하면 되지!

날 미워하면?
나도 미워하면 되지!

모범답안을 알고도
나는 오늘도 오답노트를 적는다

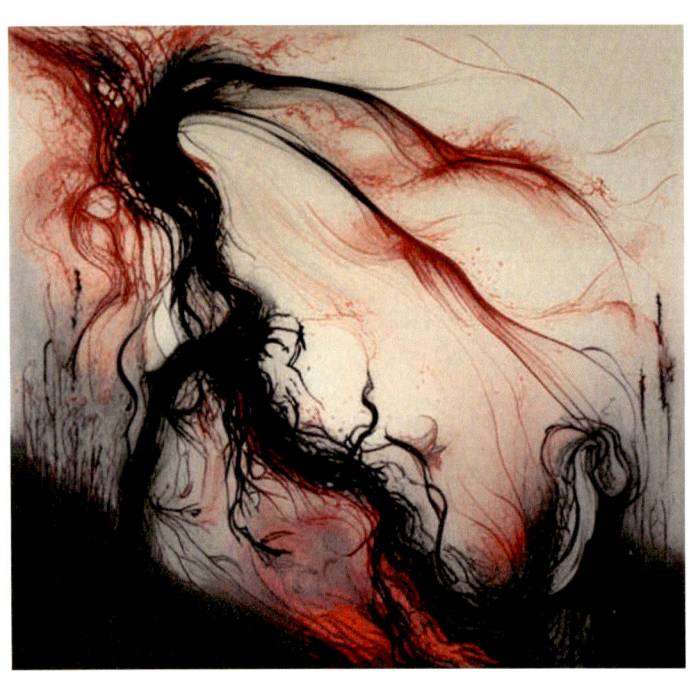

이성상실

나,
나름
논리적인 편
합리적인 편
객관적인 편
이성적인 편
계산적인 편

너에게만 빼고

휴전

내가
너의 포로인지
네가
나의 인질인지

끝 모를 전쟁

휴전이 더 서럽다

다른 상상 같은 결론

자리에 누워 잠을 청한다
오만 한가지
생각
상상

새벽 세 시

결국
넌, 미안해……
난, ……괜찮아

넌, 미안하긴 한 걸까……
난, ……괜찮긴 한 걸까

그리움이 미움이 될 때

기다림이 외로움이 될 때
그가 내 사람이 아님을 알았어야 했습니다

시작 없이 혼자 하는 이별임을 알았을 때
그 사랑이 짝사랑임을 알았어야 했습니다

그리움이 미움이 될 때
아직도 그를 기다리고 있음을 알았습니다

보름달이 떴습니다
고개를 돌립니다
무시해 봅니다

기다림의 연속

답 없는 문자를 기다리고
기약 없는 저녁 약속을 기다리고
오지 않을 전화를 기다리고
언젠가는 나에게 올 거라고 기다리고

굴절(屈折)

너에게 온전히
다가설 수 없어 너를 볼 수 없다
내가 보는 건
내 의식 나만의 혼란과 고민

너에게 나의 설렘은 수 많은 손짓 중 하나일까
나에게 너의 설렘은 큰 욕심일까

기다림의 끝

다가오는 너의 입술을
본능적으로
피했다

오랜 기다림의 사랑이 더 아름답다는
그 말, 거짓말

오랜 기다림의 사랑은
내 자신을 잃어가는 일
오랜 기다림의 사랑은
네 사랑에 의심을 낳는 일
내가 널 오래 사랑해서
네가 날 사랑해 주는, 의심을 낳는 일

나의 기다림의 끝이
너의 채무를 청산하는 일임을

가상부부

"결혼하면 우리 참 많이 싸우겠다"라는 너의 말
"결혼하면 이렇게 투정 안 하지"라는 나의 말

너는 내 탓을
나는 네 탓을

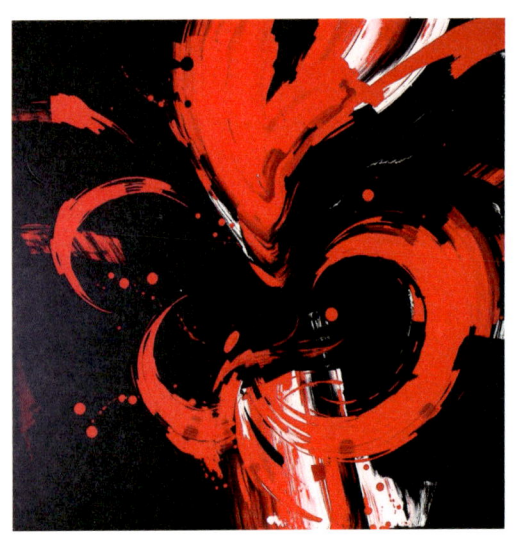

헤어질 결심

질리다

-사전적 의미: 어떤 일이나 음식 따위에 싫증 나다
-예문: 넌 참 질리게 하는 게 있네
-상황:여자가 남자에게 조금 더 같이 있으면 안되냐고
  물었을 때 남자가 한 말

질리다
질리게 하다
나는 너를 질리게 하는 사람

우산 속 같이 있는 게 좋아
조금 있다가 가
5분만 더 있다가 가
조금만 더 있다가 가면 안 되냐고 했을 뿐인데

헤어질 결심을 한 날

10일간의 연인

이제 그만 연락했으면 해
내가 이렇게 독한 줄 몰랐다
질리다
그 말이 날 그렇게 만들 줄 몰랐다
사귀자—이제 그만 연락하자
이게 고작 10일

나는 너에게 얼마나 많은 날을
너는 나에게 얼마나 많은 죄를

그래, 잘 지내.
너 얼마나 시원하니

놓아 주마
너의 죄를 사하노라

나는 봄꽃

나는
봄을 한껏 기다려온
꽃

이른 서리 맞은
나는 목련

피자마자 봄비 맞은
나는 벚꽃

동백꽃 필 무렵=동백꽃 떨어질 무렵

봄지다

결국엔 이별

울다가 미워했다가
화내다가 사과했다가
짜증내다가 울다가
헤어졌다가 다시 매달리다가
웃다가 짜증내다가
사과했다가 화냈다가
미워했다가 울다가
울다가 울다가 울다가 헤어졌다
울었다
울었다
울었다

결국엔
이별

이유가 다르다는 것은

내가 널 좋아하게 된 이유
네가 날 좋아하게 된 이유
내가 널 보고 싶어하는 이유
네가 날 보고 싶어하는 이유
내가 널 만나고 싶어하는 이유
네가 날 만나고 싶어하는 이유
내가 널 안고 싶어하는 이유
네가 날 안고 싶어하는 이유

우린 헤어졌다
결과는 같았지만 이유가 달라
어느 날 헤어져 있었다

이유가 다르다는 것은
자연스런 헤어짐의 이유가 되었다

미련

잘가 못해
만남이 없어 헤어짐도 없어

미련이 남아
그 인연 만남이라 말하기 싫어

헤어짐이 있어야 만남이 있지

처음부터 다시 시작하자
첫 눈길부터 인연이라 치자

그리고 만나자

그리고 헤어지자

잘가

가위눌림

거꾸로 보는 밤하늘
메타세쾨이어 나뭇가지가
정글되어 나를 덮친다

누워있는 나에게
내 머리보다 더 큰 주먹이
내 가슴을 내려친다

피할 수 없디
옴짝달싹 못하고
당한다

두 눈 뜨고
가위눌림

너랑 헤어지고 나서

후회

괜히 솔직했다
거짓말 할 걸

좋니
우리 헤어져서

넌 좋니

적당한 사이

딱
헤어지기 좋을 정도의
딱
적당한 사이가
딱
우리 같은 사이겠지
딱 반반
자의 반 타의 반

3부 그리움만 남긴다

바나나우유 2

어느 날 사람들이 말한다
바나나 향이 들어가서
바나나향우유라고 해야 한다고
바나나 과육이 들어가야
진짜 바나나우유라고

20년을 넘게
바나나향우유를
바나나우유라 알았다
진짜 바나나우유가 아니었다

그게 뭐 그리 중요한가

나에게 넌
여전히
바나나우유

안부를 묻다

혼자하는 이별
소리 없는 눈물이 청승이다

시작 없이 끝나는 서러운 이별은
그만 그리워하자 다짐을 낳고

다음 날이면
'잘잤어? 응 잘잤어!'
안부를 묻고 답한다

내 옆에 없는 너에게

수채화

수채화를 그린다
세상이 온통 물맛 제대로 살린 수채화가 된다

네가 그리운 날은
비 오는 날

수채화 그리는 날

책임

너에게 바나나우유를 준 것도
지쳐 헤어지자 한 것도
나의 선택이었다

선택은 책임과 단짝임을 잠시 잊고 있었다

이렇게 아픈 것도 나의 책임

돌이킬 수 없는 선택에
끝날 듯 끝나지 않는 무한 책임이 도돌이표처럼
나를 괴롭힌다

네가 몹시 그리운 날

네가 몹시 그리운 날은
네가 나를 정말정말 싫어하는 상상을 해
서러워 울고 나면 잠시 네가 미워져

밉고 나면
네가 몹시 더더더 그리워져

그리워지면
네가 나 아닌 다른 사람을 좋아하는 상상을 해

짜증 나서 울다 보면
어느새 잠들어
아침이야

다행이야
또 하루 그렇게 참아냈으니

사십

나이 사십이 되기만을 기다려왔다

나이 불혹이면
흔들리지 않는다고들 하는데

여태껏 나이 사십이 되기만을 기다려왔는데

만 나이 사십까지만 참아보기로 했다

내 반평생은 너였다

어제까진 내 반평생을 함께 한 사람
오늘부턴 내 반평생을 함께 할 사람

만난 날 몇 안되지만
처음 본 날 지울 수 없어
더해만 간다

모른 척

사랑이 아픔이란 걸
아무도 알려주지 않았다

행복
기쁨
즐거움만 이야기했다

아픔
슬픔
외로움 알려줬더라면
그랬더라면……

그랬더라도……

나만 그런 건가요

나만 애가 타나요
나만 슬픈 건가요
나만 아픈 건가요
나만 보고픈 건가요
나만 그리운 건가요
나만 그런 건가요
그건 좀
아니잖아요

나만의 죄인

눈물이 난다
그냥

이유를 알 것 같지만
이유를 모른다

나만 아는 이유
나도 모르는 이유
마음속으로만 찾는
오롯이 나만의 이유

나 때문이나
너 때문이다

이유도 모른 채 너는
나만의 죄인이 되었다

그냥 그렇게

어린왕자의 장미

"어쩌면 사랑은 허상일지도 몰라. 넌 네 생각만 하면 돼"
누군가 나에게 해 줬으면 하는 말

"내 생각은 하지마, 난 잘 지내"
누군가 나에게 해 줬으면 하는 말

연(緣)

놔라!
양쪽이 잡고 당겨야 어느 쪽이든 끌려라도 오지
너만 잡고 당기면 뒤로 자빠진다
슬픔을 안고 오면 인연이 아니라는데
그리 슬퍼하면서
어찌 그 '연' 놓지를 못하니

내 걱정은 마라
놓고 뒤 돌아 못 보느니
잡고 있다 뒤로 자빠져 아픈 게 더 낫다

그렇게 보낸 세월 반평생
가끔은 미워 울지만 가끔은 생각에 웃는다
그 힘으로 그 '연' 잡고 있으련다

혹시 아니
그 '연' 그쪽에서 한 번 잡아줄지
내 인생 끝나기 전 한 번이라도

그 '연' 잡아만 준다면
온 힘으로 당겨 내 품에 그 끌어 안으련다

그래도 가끔은
가끔은
놔라
말해 주길 바란다

그래야
내가
살 것 같다

그래야

차라리 꿈이길

그대를 만난 건 사실이지만
증거가 없어요

안기기도 했지만
둘만의 어둠 속이어서
증인이 없어요

그 느낌 아직도 생생하게 아련한데
그 사실 꿈인 것 같아요

아무리 찾아봐도
우리 만난 작은 흔적 하나
찾을 수가 없네요

슬프도록 당신이 미워집니다
이렇게 끝날 줄 알고
그 흔한 사진 한 장
당신을 추억할 작은 선물 하나
주지 않은 것 같아서요

그러고 보니
우리가 만날 때, 사랑은
늘 저 혼자만의 단어였네요
무뚝뚝한 사내라 그 말 한 번
안해 준 줄 알았는데
이제서야 알았네요
너무나 솔직하고 똑똑한 사람이 당신이었다는 걸

당신 행복하게 잘 사세요
저도 당신 잊고 잘 삽니다

차라리 꿈이길

기대

궁금하긴 한 걸까
생각한 적 있을까

잘못 누른 척 전화라도 해주지
내 번호 잊은 건 아닐까

잘못 누른 척 전화라도 해볼까

뭘 기대하고 있는 거야 도대체

기대 2

지운 번호가 머릿속에 남는다
잊고 싶은데

머릿속 번호 앞자리가 헷갈린다
어쩌지

서랍 속 옛날 휴대폰을 뒤져가며 전화번호를
찾아낸다
다행이나

연락은 안 해도
번호는 잊지 말자

뭘 기대하고 있는 거야 도대체

내가 너를 다시 만나야 하는 이유

그립기 때문이 아니다
목소리를 듣고 싶어서가 아니다
너와 밥을 먹고 커피를 마시고 싶어서도 아니다
안기고 싶어서는 더더욱 아니다

내가 너를 만나야 하는 이유는
너에게 묻기 위해서다

사랑하긴 했냐고
아니 좋아하긴 했냐고
아니아니 관심이 있긴 있었냐고

그것만 알면 된다

어땠을까

그때 헤어지잔 말
먼저 안했다면
어땠을까

힘든 내색 않고
그냥 지냈더라면
어땠을까

아픈 척 잃고
그냥 참았더라면
어땠을까

그랬더라면
지금 우리
어땠을까

어땠을까

어땠을까

겁

그 말 못해요
다시
사랑하게 될까 봐

그 말 당신께는
못해요
이미 수천 수백 번
내 빈 마음에겐 한 말이지만

내 사랑은
이미 오래 전 다시 시작됐지만
우리 사랑이 다시 시작될까봐
겁이 나요

너무 너무 보고 싶은 것 보다 더 많이 보고 싶고
너무 너무 좋은 것 보다 더 많이 많이 좋고
너무 너무 사랑하고 또 사랑하고 사랑하지만
사랑이라 말할 수 없어요
감당할 수 없는 우리의 아니 나의 사랑을 차마

사랑이라 말할 수 없어요

사랑은 아니지만 사랑에 거의 닿을 듯한 그 단어

사랑보다 더 적절한 단어가

지금 이 세상에 없음이

안타깝습니다

원하고 원망하고

널 원하고
널 원망하고
널 원하고
널 원망하고
널 원하고
널 원망하고
널 원하고
널 원망하고
널 원하고
널 원망하고
널 원하고
널 원망하고
널 원하고
널 원망하고
널 원하고
널 원망하고
널 원하고
널 원망하고

널 원하고

널 원망하...고 원하고

꽃잎 개수가 좀 이상하네

다시

널 원하고

널 원하고

널 원망하고

널 원망하고

널 원하고

널 원하고

널 원망하고

널 원망하고

널 원하고

널 원하고

널 원하고

그래도 좋았어

그래도 좋았어
너라서

나의 20대가
너로 가득 차서
그래서 좋았어

너라서

그래서
좋았어

그리운 손님

성격 급한 손님처럼
넌 급히 왔다 갔다

봄이 짧고
지루한 여름이 길 듯
그리움은
여름 장마처럼
지루하고 찝찝하고 후텁지근하다
불쾌시수가 높다

무방비 상태

눈 감으면
네가 생각나고
눈 뜨면
네가 그립다

짜증나!

출퇴근길 교통표지판
왜 또 넌 거기 있냐고!
도대체 뭘 지키라는 거야!

눈 감고 운전할 순 없는 노릇

짜증나!

이건 내 의지와는 상관없는 거라고!

능력

참 바보같다
나란 사람

내 유일한 능력은
너를 온전히 기억하는 것

참 대단하다
너란 사람

너의 유일한 약점은
나를 금방 잊었다는 것

각자의 능력으로
우린
각자의 삶을 살아가고 있다

그 사람이 거기 살아요

공원 가는 길
행여 내 맘 들킬까
창밖만 내다봤지요
날씨 참 좋다

평원 같은 잔디밭 큰 나무 하나 없이
수국꽃만 그득하네요
차라리 잘 됐다 나 보고 숨진 못하겠구나

공원길 모두 헤매도
예쁜 그것 없네요

그 사람이 거기 살아요
공원 근처 아파트

분리배출

추억도 분리배출이 가능한가요?

무슨 요일에 내다 놓으면 될까요?

이건 그냥 버려야 하는 거예요?

동상이몽

나의 기억색은 이래
너의 기억색은 어때

나의 추억색은 이래
너의 추억색은 어때

나의 추억이 너의 추억이 될까
나의 꿈이 너의 꿈일까

반송

내 마음 부쳐 보낸다

잘 지내니

반송

주소불명일까?
폐문부재일까?
수취인이사감일끼?
수취인불명일까?

표시라도 해 주지

'반송불요' 적어
내 마음 다시 부쳐 보낸다

잘 지내길

오디맛우유

어느 날 마트 진열대에서
너를 만나고
기억하다
다시

나는 너를 원망해야 할까

그 흔적 지우기 위한
나의 노력이
무색해진다

그와 나를 이어줬던
바나나우유.
그 자매품, 오디맛우유

나는 너를 원망해야 할까

다행이야
한정판이니

한 알로도 남는 흔적
오디, 너

나는 너를 원망해야 할까
나는 나를 원망해야 할까

8월이면

난 해마다
8월이면
너와 이별을 해

비 오는 날
우산
손
네 팔을 떨리게 감싸던

그리고

'질리다'

난 8월이면
또 너와 헤어져

벚꽃지다

어느 봄날 2

봄비가 온다
그 사람이 생각난다

벚꽃이 떨어진다
그 사람이 생각난다

사랑해 라고 말을 하고
사랑해 라고 자꾸 물었다
얼버무리고 딴 짓하고 끝내 안 해 주더라 그 말
참 부끄럼 많은 사람
무뚝뚝해 더 멋있다 생각했다

헤어지고 나니
참 솔직한 사람이었구나 싶다
지금 와 생각하니
나만 괜한 말 했다 싶다

봄바람이 분다
그 사람이 생각난다

벚꽃이 핀다
그 사람이 생각난다

나는 늘 밑지는 장사만 하는 것 같다

에필로그(바랄 망: 望)

※ 아래는 김종호 장편소설 《인어공주 이야기》(문학과지성사, 2011.07.04.) 내용을 발췌하여 재구성한 글입니다.

어느 날 나는 느리게 너무나 느리게 왼쪽으로 헤엄쳐 갔다. 어느 날은 순식간에 너무나 순식간에 오른쪽으로 솟아올랐다. 시간들의 불화, 그 불화를 깨달았을 때, 내 뒤통수에 아프게 달라붙은 그의 얼굴을 내가 볼 수 없기에 오직 볼 수 없다는 이유로 무섭고, 무서웠고 자꾸 뒤로 넘어가는 만큼 그의 얼굴은 수그러졌다.

깊이 생각하다 울고, 울다가 생각하고, 그래도 뭘 생각하는지 모르니 우는 이유도 모르겠더라.

암소가 우물물을 마시면 우유가 되지만 독사가 마시면 독이 된다. 어떤 사람이 내뱉은 말은, 또 어떤 사람이 삼킨 말은……

그이의 기척은 어디에도 느껴지지 않았고, 어디를 가더라도 느낄 수 있었던 그이의 온기, 심장을 두근거리게 하던 부드러운 시선조차도 느껴지지 않았다. 오직 그이가 나를 알아보지 못하는 건 아닐까 하는 두려움이 너무 커, 사태를 제대로 파악하지 못했다는 걸 속으로는 이미 알고 있으면서도 내 의식은 부정하고 있었다. 나는 곧 우물처럼 깊은, 우리가 공유하던 의식, 그곳으로 깊이 머리를 집어넣게 되었다.

나는 마치 내 마음 깊은 곳에 나 자신을 가둔 것처럼 지독한 상실감에 눈이 멀고.

눈만 먼 게 아니라 모든 관계에도 아둔하고 어리석었다는 걸 비로소 깨닫는다.

나는 사내를 보고 사내는 나를 보지 않는 것처럼. 그대여 무서운 것은 관계. 당신이 무서워하는 모든 것들은 언제나 예측가능한 것에서만 무서워하는 것일 뿐. 그대여, 무서운 것은 진정, 관계. 서로 눈 맞는 것을 사랑이라고 말하는 자들은 사랑이 무엇인지 모르는 자들.

여기가 어딘지는 중요하지 않다. 얼마나 시간이 흘렀는지도. 내가 헤엄쳐 왔던 왼쪽과 당신이 시간과 함께 흘러와 만난 이곳에서부터 시작된다는 것.

머리보다 가슴이 먼저 알아보고, 가슴은 멈추지 않고 뛴다. 모든 것을 이해할 수 있었지만, 이해는 우리가 알아서도 안 되고 알아볼 수도 없는 왼손으로 흘러가 당신의 맞잡은 오른손을 타고 발가락으로 내려갔다. 어떤 시간의 갈라지는 곳을 따라 갈라지고 쪼개질. 오른쪽으로 가서 만나는 나와 왼쪽에서 만나게 될 나는 둘이면서 하나이거나. 두 개의 다른 시간을 단일한 몸이 소유할 뿐만 아니라, 두 시간이 서로를 마주 본다는 것은 어떤 느낌인지 사람들은 모른다/몰랐다. 다만 시제로만 표현될 수 있을 뿐이지. 그 시간을 표현하기 위해 우리가 표현의 양식을 선택하는 것이 바로 '사랑의 문형'. 사랑한다/사랑했다.

흘러가는 시간, 되짚어 가는 시간. 그 둘을 동시에 몸에 간직하고 있다는 것은, 그 시간을 고리를 끊고 잘라서 자유롭게 해주기 위함. 하나만 있었고, 하나만 있었기 때문에 둘을 셀 줄 몰랐던 옛날, 깊고 길게 들이쉰 한 모금의 호흡을 내뱉자 비로소 시간이 흐르기 시작했지. 너무나 오래 담아둔 호흡

이었기 때문에 가장 밑바닥에 쌓인 숨은 달큰하지 그지없지. 그것이 바로 사랑의 묘약, 그 묘약을 만드는데 없어서는 안 될 숨결, 더운 숨결…… 또 한번은 허리가 굽을 만큼 거칠게 뱉어낸 기침에 눈깔 하나가 툭 빠져나온 적도 있었는데, 그것은 세계, 어떤 이교의 신이 꾼 한 번의 꿈이 세계의 시작과 종말이었던 것처럼. 굴러떨어진 눈깔도 하나의 세계.

나는 불, 연등 들고 어두운 길을 걷는 장님…… 세계는 그렇게 장님들이 든 연등 속에서 태어났다. 연등 속에 하나의 세계가 외롭지, 또 다른 세계가 어디 있을까?

진흙 속에서 피어나는 연꽃이 아니라, 그 진흙탕에 버려진, 꺼진 연등과 같은. 아무도 기억하지 않네. 외롭지. 눈깔이 그 연등이고, 꺼진 눈깔, 움푹, 파여 검게 뚫린 자리. 그 연등이 나의 세계. 나는 너와 하나의 눈깔을 공유하거나, 그 눈깔이 너와 나를 같은 세계에 머물게 한다. 아무렇게나, 진흙탕 속에 굴러다니는 눈깔 하나를 제 이마에 달고, 깊은 바닷속, 한 점 빛도 없는 깊은 곳에서, 외롭습니다.

바람처럼 흩어지거나, 바람에 흩어져버린 그는.

꽃잎 하나하나 떼어낸다. 외롭게 하지 않을 건가요? 외로운 건 네 몫이지, 내 탓이 아니다.

좋아한다 좋아하지 않는다. 좋아한다 좋아하지 않는다…꽃잎이 다 떨어졌다. 발가벗겨졌다. 부끄러워졌다. 차가운 바람이 된 그가 훅훅 내뱉는 입김도 차갑다. 잔털이 오소소 일어선다.

부끄럽고 부끄러워졌다. 그리고 멍청해졌다. 하나도 아름답지 않다.

지난밤에는 꽃대가 떨어졌네. 잔뜩 오므린 꽃봉오리가 뚝 떨어져 버렸네. 비가 내렸기 때문이지……

꽃대가 떨어진 지난밤에 눈물과 함께 눈깔도 톡 빠져 버렸네. 당신을 바라보지 못해, 알아보지 못하는 나는 외로워서 울었지. 깊고 어두운 동공에서 눈물이 흘러내리고 넘쳐 강이 되고, 강이 되어 바다에 이르고, 바다의 수위가 한층 더 높아져 눈물바다에 꼬르륵 숨을 못 쉬겠다네. 그러나 뭔가를 놓치고 말았네. 뭔가 날아가 버렸지. 거품이 되었다. 혼도 없는데 몸도 없이. 존재에서 비존재로, 날아가 버렸다가 언뜻 잠에서 깨어나듯 눈을 떴을 때 당신이 오신 꿈이었나, 비만 잘박잘박 내리고 있었지.

그러니까 나는, 나를 말할 수 없고 그러니까 나는 나의 존재를 믿을 수가 없다. 내 자리를 알 수 없고, 내 자리라고 생각했던 빈자리에 똬리를 틀고 앉아 있는 저 사내를 믿을 수가 없고, 어느새 나는 거친 황무지로 밀려났고. 오, 당신은 너무 잔인해요! 하얗게 뒤집힌 눈깔. 나는 데굴데굴 황무지를 굴러다녔고, 구른 자리에서 쪽쪽 푸른 싹이 돋네요.

높이 올라간 사랑도

움직이지 않는 사랑도

멀리 나간 사랑도

언저리를 떠도는 사랑도

그리고 언제 올지 모르는 사랑도

모두 우리가 알아야 할늑알지 말아야 할 사랑이라면

그리움이 미움이 될 때

너와는 진정 사랑늑이별하리

기꺼이

바나나우유

지 은 이	다니요
인 쇄 일	2025년 9월 15일
발 행 일	2025년 9월 30일

발 행 인	이문희
디 자 인	김슬기
펴 낸 곳	도서출판 곰단지
주 소	52818 경남 진주시 동부로 169번길 12, A동 1007호
전 화	070-7677-1622
팩 스	070-7610-2323
전 자 우 편	gomdanjee@daum.net

I S B N	979-11-94688-08-2 03810
가 격	15,000원